통기타 노래 부르기 1부 . 스마트폰 거치대 설치안내!

1

적색선을 따라 준비된 칼을 이용해
절단하세요!
이때 접는선표시(----)는
절단하시 마세요!
(주의)절단시 손을 다치지않게
주의 하시기 바랍니다.
아래 그림순서와 같이 설치하세요!

2

회원님 스마트폰으로 거치대 중간 QR코드를
스캔하시면 별도 인증없이 동영상강좌 페이지로
바로 이동 합니다!

QR코드 스캔이 안될시 www.guitarcamp.kr 기타캠프
모바일웹으로 직접 연결 바랍니다.

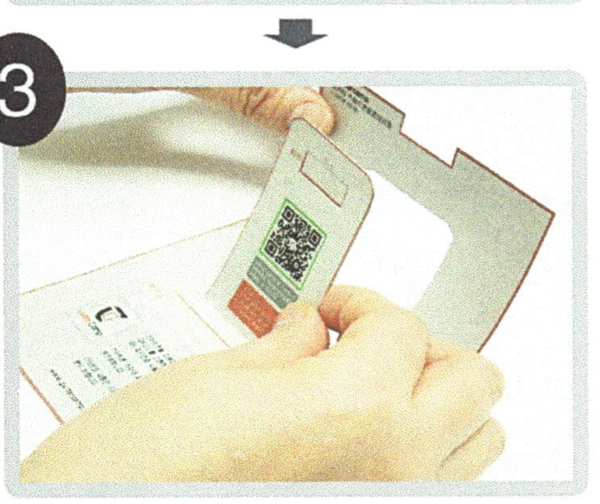

3

"통.노.부 1부" 버튼 터치후
인증번호 페이지에서
인증번호를 입력하세요
(와이파이 연결을 권장합니다)

인증번호 : 18095761

4

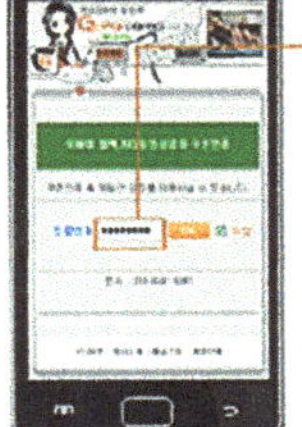

인증 후 강좌리스트 페이지로 연결됩니다.
강좌리스트 제목을 터치하면
동영상강좌를 이용 하실 수 있습니다.
(단, 스마트폰모델과 설정관계로 인하여
강좌가 다운로드 될 수 있습니다.
강좌다운로드시 내파일에서 이용가능 합니다.)

5

(주의)설치가 완료된 거치대에
스마트폰은 세로가 아닌
가로로 꼭 거치하시기 바랍니다.
세로로 거치시 쓰러질 수 있습니다.

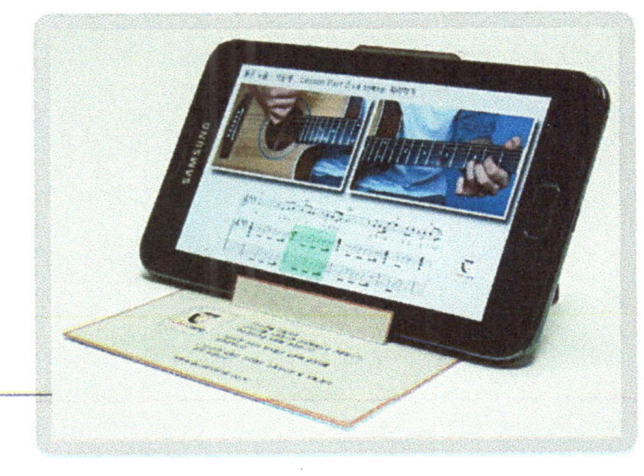

- 통기타 노래부르기 1부 . 노래강좌 리스트 -

01. 붉은노을 - 이문세
02. 동경소녀 - 버스커버스커
03. 편지 - 김광진
04. 비오는거리 - 이승훈
05. 외톨이야 - 씨엔블루(CNBLUE)
06. 너를위해 - 임재범
07. I Believe - 신승훈
08. 이젠 그랬으면 좋겠네 - 조용필
09. 너무아픈사랑은 사랑이아니었음을 - 김광석
10. Change The World- Eric Clapton
11. 사랑했지만 - 김광석
12. 잊어야 한다는 마음으로 - 김광석
13. 내사랑 내곁에 - 김현식
14. 다행이다 - 이적
15. Lonely - 2NE1
16. 애인있어요 - 이은미
17. 내사랑아 - 이종현(드라마 신사의품격 O.S.T)
18. All For You - 서인국 & 정은지(응답하라1997)
19. Lucky - Jason Mraz
20. More Than Words - Extreme
21. 흐린 가을 하늘에 편지를 써 - 김광석
22. 그녀가 처음 울던 날 - 김광석
23. 벚꽃엔딩 - 버스커버스커
24. 힐링이 필요해 - 로이킴
25. Hey Hey Hey - 자우림

- 붉은 노을 -

작사 : 이영훈
작곡 : 이영훈
노래 : 이문세
편곡 : GuitarCamp

이문세의 5집 '가로수 그늘아래서면'(1988.11) 수록곡

강좌파트 - 1 . 인트로부분(intro)

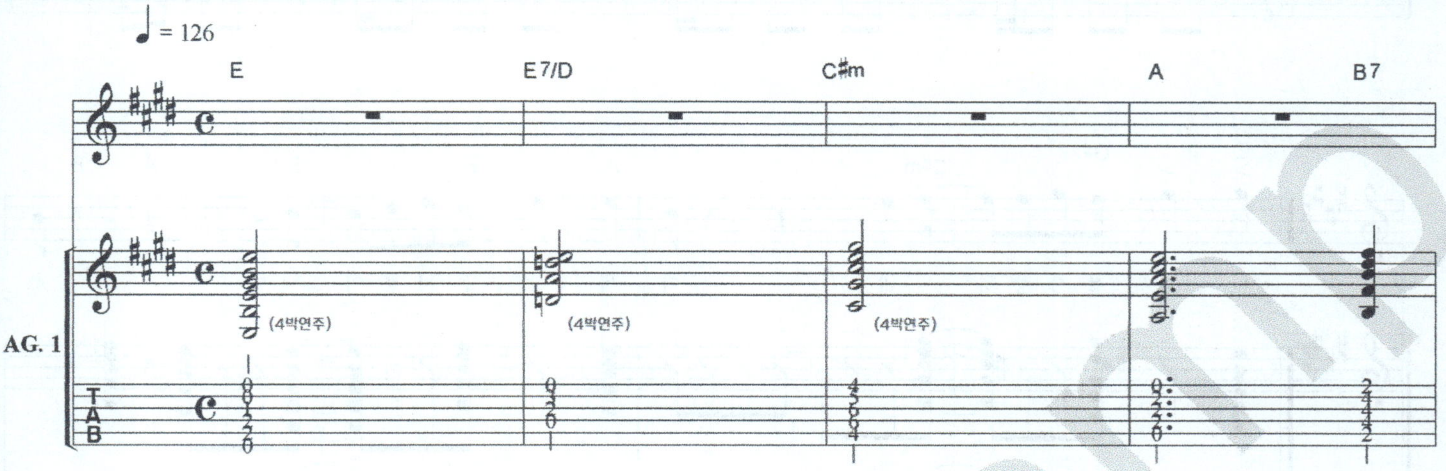

강좌파트 - 2 . 노래부분(첫번째)

붉은 노을

고개 숙이 - 네   눈 물 흘 러   아 무 말 할 수 가 없 - 지 만
난 너 를 사 랑 하 - 네   이 세 상 은 너 뿐 이 - 야   소
리 쳐 부 르 지 만 -   저 대 답 없 는 노 을 만 붉 게 타 는 - 데
그   세 월 속 - 에   잊 어 야 - 할   기 억 들 이 다 시 - 생 각 나

강좌파트 - 3 . 노래부분(두번째)

G#m　C#m　A　B7
면　눈감아요　소리없이　그이름불러요
E　B7　C#m　A　B
아　름다웠던　그대모습　다시볼수없는것알아
G#m　C#m　A　B7
요　후회없어　저타는노을　붉은노을처럼
강좌파트 - 4 . 후렴부분 & 엔딩부분
E　G#　C#m　A　B7　E　A　B
난 너를사랑하네　이세상은너뿐이야　소

붉은 노을

E
G#
C#m
A
B
E
리 쳐 부르지만 - 저대 답없는 노을만 붉게타는 -데
1 E
E 7/D
C#m
A
B7
E
E 7/D
C#m
A
B7
E
E 7/D
C#m
A
B7
어 데로갔 을 까- 사랑하던 - 슬픈그 대 얼굴 보고싶어

깊은사 - 랑 후회없 어 저타는 붉은노을 - 처럼
난 너를사랑하 - 네 이세 상 은너뿐이 - 야 소
리 쳐 부르지만 - 저대 답없 는 노을만 붉게 타는
- 데
강좌파트 - 4 . 후주(엔딩)부분(Outro)

붉은 노을

- 동경소녀 -

Mnet 슈퍼스타 K3 Top11 Part.1 (2011.10) 수록곡

Capo = 2 fret

작사 : 허승경
작곡 : 김광진
노래 : 버스커버스커
편곡 : GuitarCamp

● 강좌파트 - 1 . 인트로부분(intro)

2/통기타

동경소녀

Em   Am   D(add9)   B7sus4   B7   Em   Am   D(add9)   B7sus4
오 랫 만 이 야 - 정 말 보 고 싶 었 지 만 -
몇 번 씩 이 나 - 전 활 하 려 했 었 지 만 -
Em   Am   D(add9)   B7sus4   B7   Em   Am   D(add9)
내 늘 하 찮 은 자 - 존 심 이 허 락 안 했 어 -
곁 에 선 그 - 사 람 이 밤 에 걸 렸 어 -
Em   Am   D(add9)   B7sus4   B7   Em   Am   D(add9)   B7sus4   B7
해 어 진 후 에 - 많 이 달 라 진 것 같 아 -
느 낄 수 있 어 - 이 젠 많 이 편 해 보 여 -
Em   Am   D(add9)   B7sus4   B7   Em   Am   D(add9)   B7sus4   B7
늘 해 오 던 긴 - 머 리 가 네 겐 어 울 려 -
너 말 없 이 웃 - 어 주 니 나 는 서 글 퍼 -

동경소녀

Am
Bm
C
Bm
네가 -떠난후 -   빈자리 - 가 -   너   무 나
너 무 -늦었나 -   보고싶 - 단 -   내   맘 도
Am
Bm
Am
B 7(#9)
컸었다고 -   말하고싶 -은   데
이제와선 -   부담일뿐 -이   니
Good bye my love still love you
Em
Am
넌 왜 -   지금도 나 를 -   자꾸만
Dsus4
D
Bm
나 를 - 아 프 게 해   -

동경소녀

Em
Am
넌 - 왜 - 지금도나 - -를 - 자꾸만나
Dsus4
D
Bm
- -를 - 아프게해 -
Em
Am
Oh - my - 지금도너 - -를 - 나만의너
Dsus4
D
Bm
- -를 - I still love you - - - - - yeah

동경소녀

Em
Am
oh
Dsus4
D
Bm
oh
강좌파트 - 4 . 후주(엔딩)부분(Outro)
Em   Am   D(add9)   B7sus4   B7   Em   Am   D(add9)
Em   Am   D(add9)   B7sus4   B7   Em   Am   D(add9)

- 편지 -

작사 : 허승경
작곡 : 김광진
노래 : 김광진
편곡 : GuitarCamp

김광진 3집 'It's me'(2000.5.1) 수록곡

● 강좌파트 - 1 . 인트로부분(intro)

● 강좌파트 - 2 . 노래부분

편지

하고 싶은 말 하려 했던 말 이대로 다 남겨두고서
혹시나 기대도 포기하려하오그대 부디잘지내 시 - 오 기나긴
그 대 침 묵을 이별로 받아 두겠소
행 여 이 밤 다 칠 까 근심은 접 어 두오 오 - -

편지

사 랑 한 사 람 이 여--- 더 이 상 못 보 아 도---
사 실 그 대 있 음 으 로 힘 겨 운 날 들 을 견 뎌 왔 음 에 감 사 하-
-오- - 좋 은 사 람 만 나 오- 사 는 동 안 날 잊 고
사 시 오 진 정 행 복 하 길 바 라 겠 소 이 맘 만 가 져 가

편지

- 비오는 거리 -

이승훈의 '비오는 거리' (1997.04) 수록곡

작사 : 김신우
작곡 : 김신우
노래 : 이승훈
편곡 : GuitarCamp

● 강좌파트 - 1 . 인트로부분(intro)

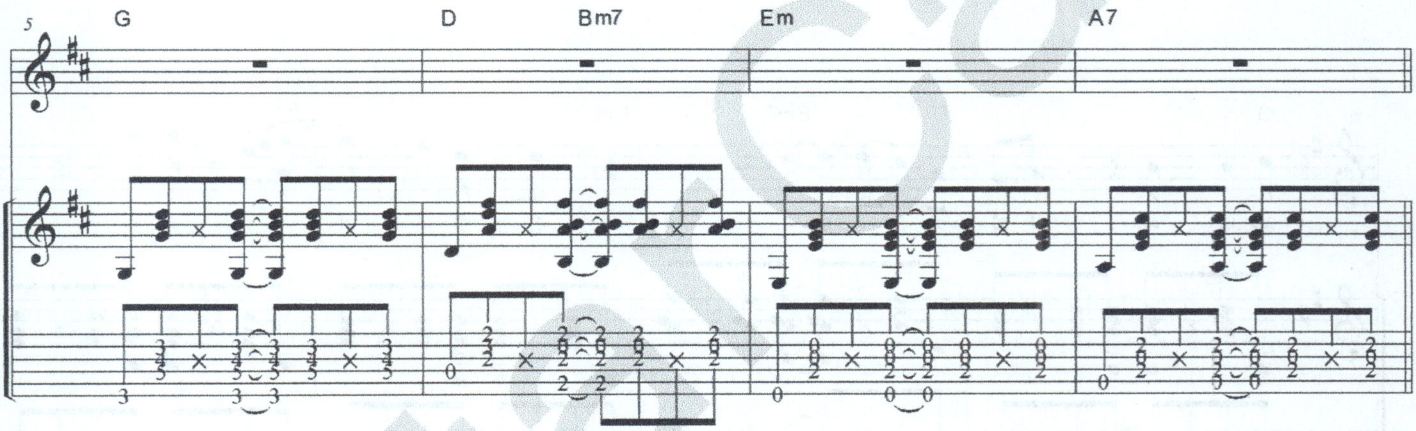

♩ = 92

● 강좌파트 - 2 . 노래부분

비오는 거리
G   D   B7   Em   A7sus4   A7
어 리 는 지 난 얘 기 는   추 억 일 까 -
D   F#m   Bm   F#m
그 날 도 비 가 내 렸 어 나 를 떠 나 가 - 던 날 -   내 리
G   D   Bm7   Em   A7
는 비 에 너 의 마 음 - 도 -   울 고 있 다 면 - - - 아 -
강좌파트 - 3 . 후렴부분
D   F#m   F#   Bm   D/A
다 시 내 게 돌 아 와 줘 -   기 다 리 는 나 에 게 로 -   그

언젠간 늦-은 듯 뛰-어와 미-소 짓던 - 모습으-로 - 아-
사 랑한 건 너뿐 이야 - - - 꿈을 꾼 건 아니었어 -
너 만이 차-가운 이 비-를 멈 출 - 수 있 - 는 걸

비오는 거리

F#m
F#
Bm
D/A
G
너 만 이 차 - 가 운

강좌파트 - 4 . 후주(엔딩)부분(Outro)

D
Bm7
Em
A7
D
G
이 비 - 를 멈 출 - 수 있 - 는걸 -
너 만 이 차 - 가 운

D
Bm7
Em
A7
G
D
이 비 - 를 멈 출 - 수 있 - 는걸 -

- 외톨이야 -

씨엔블루의 1집 'Bluetory' (2010.1) 수록곡

작사 : 김도훈
작곡 : 이상호
노래 : CNBLUE(씨엔블루)
편곡 : GuitarCamp

● 강좌파트 - 1 . 인트로부분(intro)

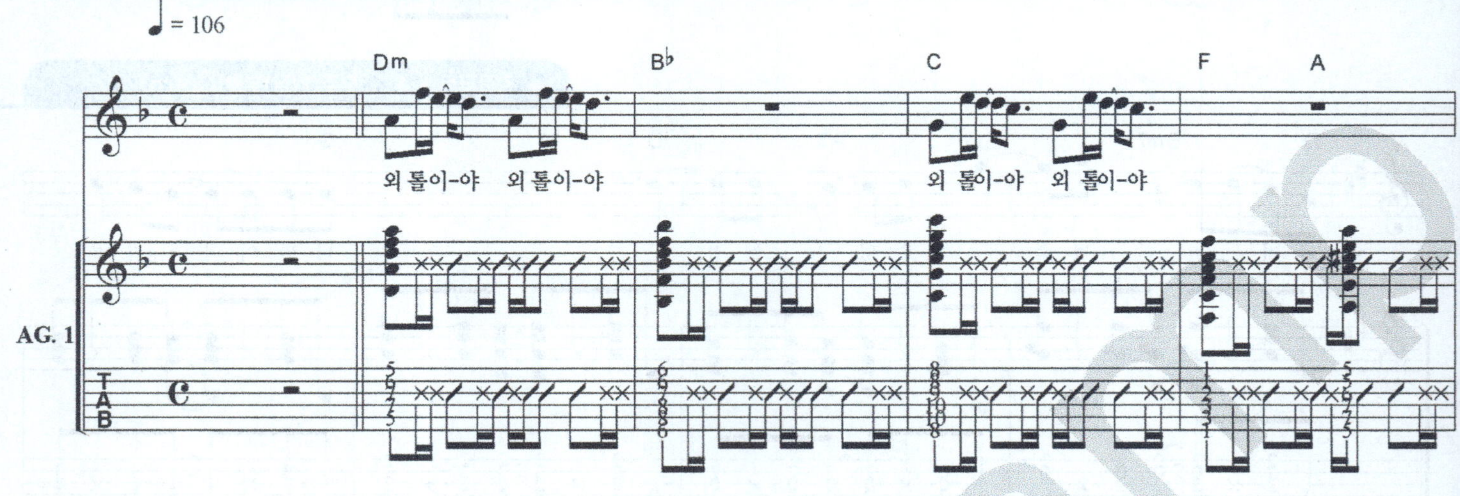

● 강좌파트 - 2 . 노래부분

외톨이야

check it   one twothree
시계바늘만 쳐다보는 게-
말안해도다른 사람생긴걸안-아 -   오 요즘넌
나아닌다른 사람과만남이잦-더라
이제는먼저전화도걸지않-더라
나랑있을때는하루가일-초라도   넌 내앞에서요즘하늘만보-더라
I know your mind이미
너와나의거리
멀어진
그리고벌어진
남보다못한우리사이
ch ba - by
외 톨이-야 외 톨이-야 다리디리다라 두-
외 톨이-야 외 톨이-야 다리디리다라 두- -

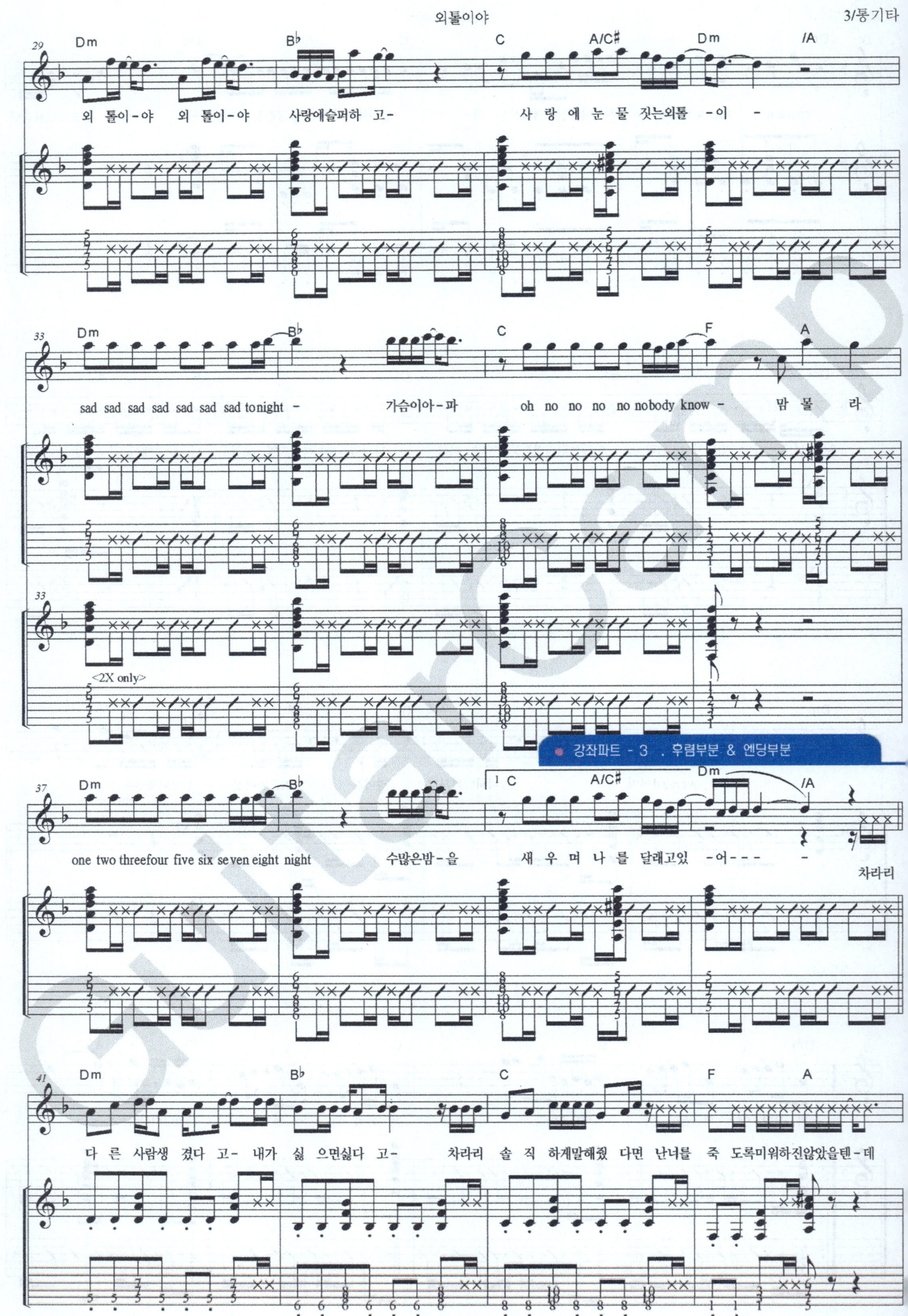
Dm   Bb   C   A/C#   Dm   /A
외 톨이-야   외 톨이-야   사랑에슬퍼하 고-   사 랑에 눈 물 짓는외톨 -이 -

Dm   Bb   C   F   A
sad sad sad sad sad sad sad tonight -   가슴이아-파   oh no no no no no nobody know -   밤몰 라

<2X only>

강좌파트 - 3 . 후렴부분 & 엔딩부분

Dm   Bb   ¹C   A/C#   Dm   /A
one two three four five six seven eight night   수많은밤-을   새 우 며 나 를 달래고있 -어- - -   -
차라리

Dm   Bb   C   F   A
다 른 사람생 겼다 고- 내가 싫 으면싫다 고-   차라리 솔 직 하게말해줬 다면 난녀를 죽 도록미워하진않았을텐-데

외톨이야

45
Dm   B♭   C   A/C#   Dm   /A
check it   one two three 네 말을 되 새 겨 봐 도-   이리저리둘러 대는거짓말이-야-   oh ba - by

49
2 C   A/C#   Dm   /A   Em7   A   Dm7
새 우 머 나 를 달래고있 -어--- -

53
Em7(♭5)   A   Dm7   D♭m7   Cm7   Bm7   B♭   A 7(#5)
사 랑 이 가 네 - - 사랑 이 떠나

57
Dm7   Cm7   F   B♭   A 7(#5)
네 한 사람을그리고한 사랑을   내게는익숙했던모든것들을   이 밤 이 가 면 - - 널지 워 야 겠
그래나

외톨이야
5/통기타
Dm
A7(#5)
Ab/Bb A/B B/C# Bb7(b13)
억 지로라도너를지워야겠 - 지
날버린널생각하면그래야겠 - 지
gone gone my love is gone
Ebm B Db Gb Bb
외톨이야 외톨이야 다리디리다라 두 -
외톨이야 외톨이야 다리디리다라 두 -
Ebm B Db Bb/D Ebm /Bb
외톨이야 외톨이야 사랑에아파하고 -
사랑을기다리는외톨 -이 -
Ebm B Db
sad sad sad sad sad sad sad to night - -
꿈이길원 -해
oh no no no no nobody know

외돌이야
날 몰 라
one two three four five six se-ven eight night
수 많은 밤 - 을
강좌파트 - 3 . 후렴부분 & 엔딩부분
새 우 며 눈 물 흘 리 고 있 -어 - - -

- 너를 위해 -

임재범 4집 'Story of two years' (2000)수록곡
<Half Step Down Tuning>

작사 : 채정은
작곡 : 신재홍
노래 : 임재범
편곡 : GuitarCamp

강좌파트 - 1 . 인트로부분(intro)

강좌파트 - 2 . 노래부분

너를 위해

연인처럼- 때론 남남처럼- 계속 살아가도 괜찮은걸까- 그렇
게도많은- 잘못과- 잦은이-별에도- 항상거기있-는 너- - 날
세상에서 제대로 -살게해준- 유일 한사람이너란걸알-아- 난
후회없이- 살-아가 -기위-해- 너를 붙잡아야 할태지만 - 내 거 친생-각

너를 위해

너를 위해
세상에서 제대로 -살게해준- 유일 한사람이너란걸알 -아- 난
후회없이 -살-아-가 -기위-해- 너를붙잡아야할테지-만- 내거친생-각
과 불안 한눈-빛과 - 그걸지켜보-는너 - - 그건아마도- 전쟁같-은사 -랑
난 위험하 -니-까- 사랑-하니 --까 --- 너에게서떠나줄 기-

Dm Am B♭ Gm C
야 - - 워 - - - 너를 위해 - - - 떠 날 기 -
강좌파트 - 4 . 후주(엔딩)부분(Outro)
F C Dm Am B♭ C F
야 - - - -

- I Believe -

작사 : 양재선
작곡 : 김형석
노래 : 신승훈
편곡 : GuitarCamp

신승훈의 8집 '8th The Shin Seung Hun' (2002.01) 수록곡
영화 '엽기적인 그녀' O.S.T 삽입

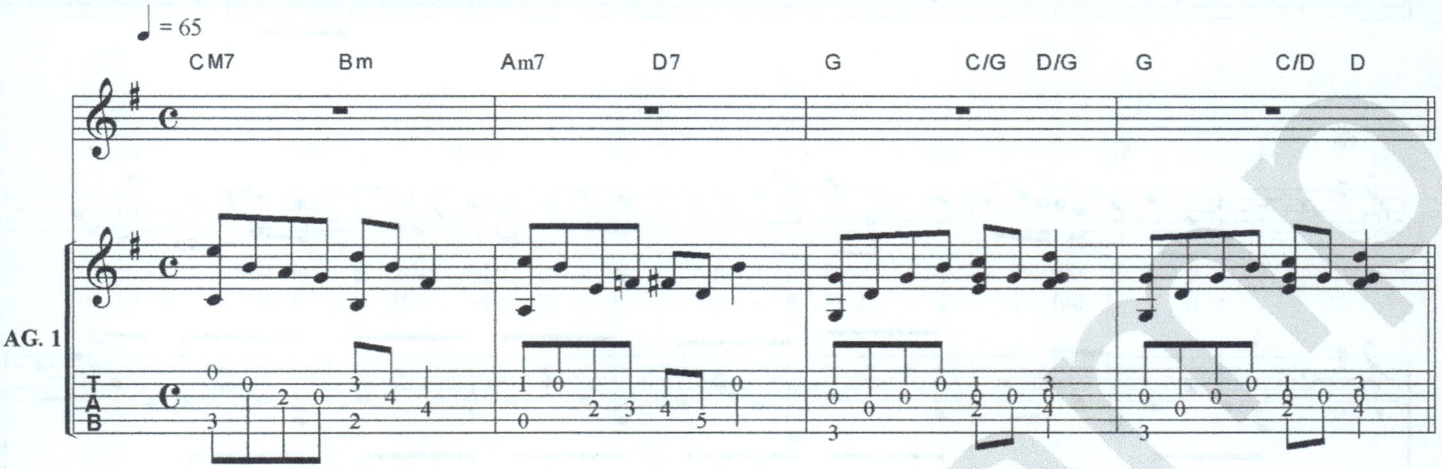

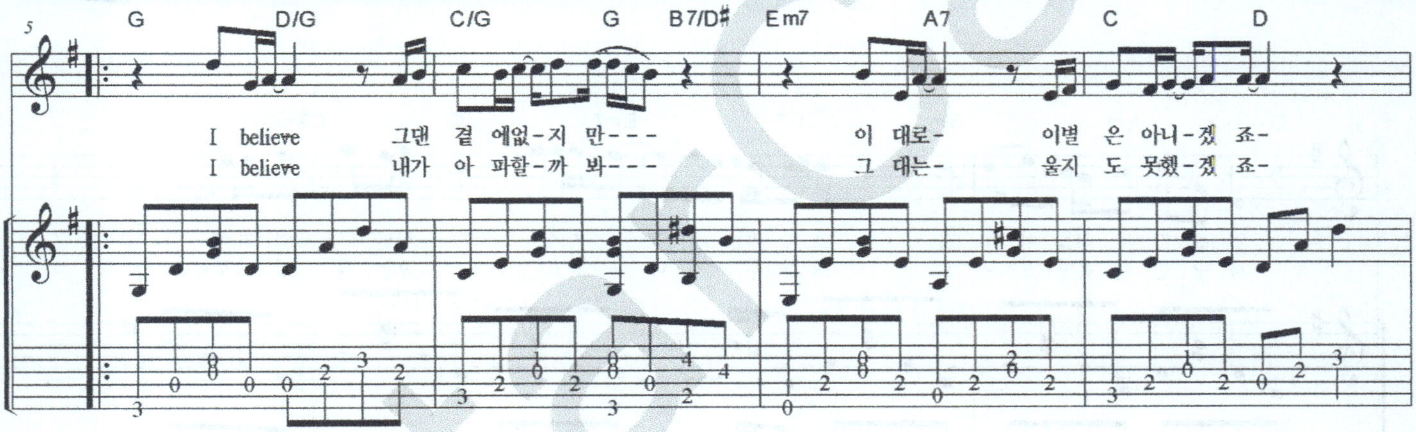

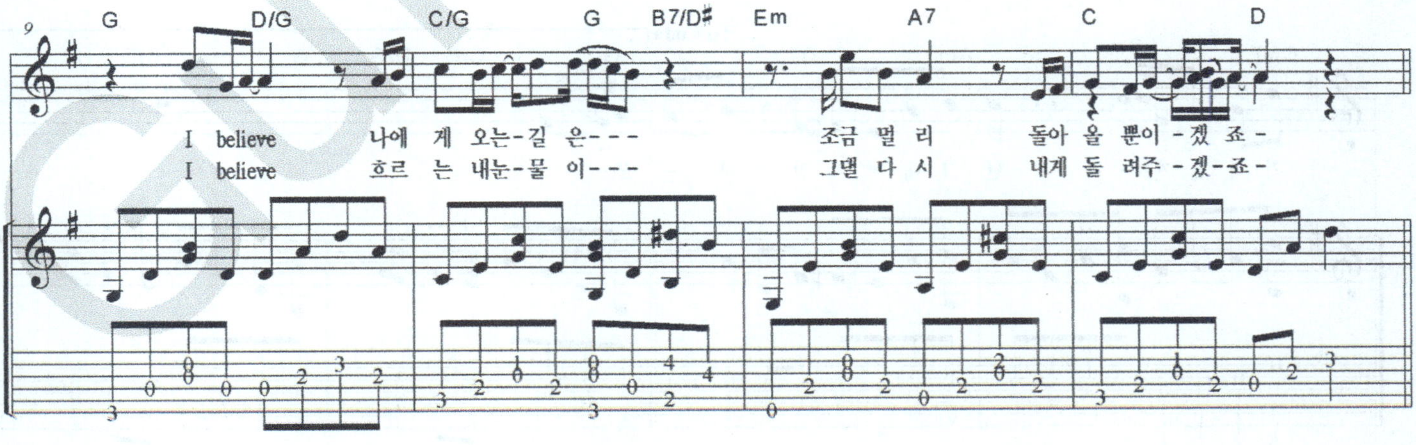

I Believe

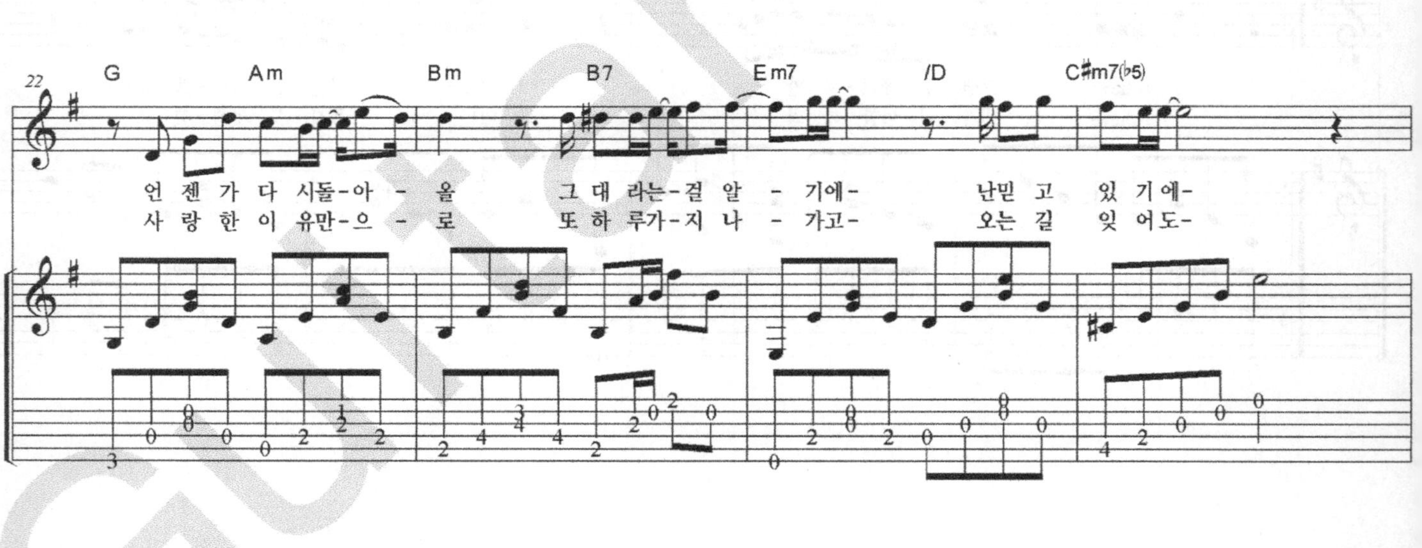
모두 지나간- 그 기억 속에서--- 내가 나를 아프게 하며- 눈물을만 들죠- -
자꾸 멈추는- 내 눈길 속에서--- 그대 모습들이 떠올라- 눈물을만 들죠- -
나만큼 울지않-기-를 그대만-은 눈물없이날- 편하게 떠 나주- 기를-- -
그대란 이유만-으-로 나에게-는 기다림조차- 충분히 행복하- 겠죠-- -
언젠가 다시돌-아-올 그대 라는-걸 알 -기에- 난 믿고 있기에-
사랑한 이유만-으-로 또 하루가-지 나 -가고- 오는 길 잊어도-
기 다릴게요- 난 그대여야만 하 -죠- -

죠- 나그 멜알- 기전 이세-상 도- 이렇게 눈-부셨-는지 - 그하 늘아--래서
이젠 - 눈 물 로남-겨 졌-지만 이자 릴난-지 킬-게 요 -
D.S. al Coda
죠------- 음 음 난 그 대 여 야 만 하 - 죠

- 이젠 그랬으면 좋겠네 -

작사 : 박주연
작곡 : 조용필
노래 : 조용필
편곡 : GuitarCamp

조용필의 '90-Vol.1 Sailng Sound' (1990.01) 수록곡

강좌파트 - 1 . 인트로부분(intro)

♩ = 68

D　　E/D　　Gm/D　　　D　　E/D　　Gm/D

AG. 1

강좌파트 - 2 . 노래부분

D　　C　F#　Bm　　　G　　Bb　　D　G　A

D　　C　F#　Bm　　　G　　/A　　D

A/G　G　D/F#　　A#dim7　Bm　　G　　/A　　D

이젠 그랬으면 좋겠네

A/G G D/F# A#dim7 Bm7 /A G D/F# Em A
날 아 서 별 을안고-싶어 소 중 한건모 두 잊 고산 건아 니었나

강좌파트 - 3 . 후렴부분

D E/D G/D Gm/D F#m Bm Em A
이 젠 그랬으-면 좋 겠 네- 그 대 그늘에서- 지친마 음 아물게해

D E/D G/D Gm/D F#m Bm Em A
소 중 한건옆-에 있 다고- 먼 길떠나려는- 사 람에게말 했 으

1 D E/D Gm/D D E/D Gm/D
- 면 - - -

이 젠 그랬으 면 좋 겠 네
그 대 그늘에서 지친마음 아물게해 소 중 한건옆 에
있 다 고 면 길떠나려는 사 람에게말 했 으 면
강좌파트 - 4 . 후주(엔딩)부분(Outro)

- 너무 아픈 사랑은 사랑이 아니었음을 -

김광석의 '김광석 네번째' (1994.06) 수록곡

작사 : 류 근
작곡 : 김광석
노래 : 김광석
편곡 : GuitarCamp

● 강좌파트 - 1 . 인트로부분(intro)

♩ = 70

AG. 1

G D Em G D Em
그 대 보내고 - 멀 리
그 대 보내고 - 아 주
가 을 새 - 와 작별하 듯 -
지 는 별 - 빛 바라볼 때 -
G D Em G D
그 대 떠나 - 보 내고
눈 에 흘러 - 내 리는
돌아 와 - 술 잔앞 에앉
못다 한 - 말 들 그 아픈
Em G D Em
- 으면 - -
- 사랑 - -
눈 물 - - 나 누 나
지 울수 - 있을 까
G D 1 Em 2 Em D/F#

어느하루비 라도 - 추억 처럼
어느하루바 람이 - - 젖은어 깨
흩 날 리는 - 거리에 서
스 치며 - 지 나 - 가고 -
쓸쓸 - 한 사람 되어 고 개숙이 면 -
내지 - 친 시간 들이 창 에어리 면 -
그대 - 목 소 리
그대 - 미 워 져
너무 아 - 픈 사랑은 - 사랑이 아 - 니었 - 음 을
너무 아 - 픈 사랑 은 - 사랑이 아 - 니었 - 음 을

강좌파트 - 3 . 간주부분
너무 아픈 사랑은 사랑이 아니었음을
4/통기타
D.S. al Coda
이제우리-다 시는 사랑 으로 - - 세상에 오- 지-말 -기 -
그립 던 말 들도- 묻어 버- 리기- 못다한 - -사 랑

너무 아- 픈 사랑 은 -
사랑이 아- 니었- 음 을
너무 아- 픈 사랑 은 -
사랑이 아- 니었- 음 을
강좌파트 - 3 . 엔딩부분

- Change the world -

영화 'Phenomenon' OST (1996) 수록곡

작사 : G.Kennedy, T.sims, W.kirkpatrick
작곡 : G.Kennedy, T.sims, W.kirkpatrick
노래 : Eric Clapton
편곡 : GuitarCamp

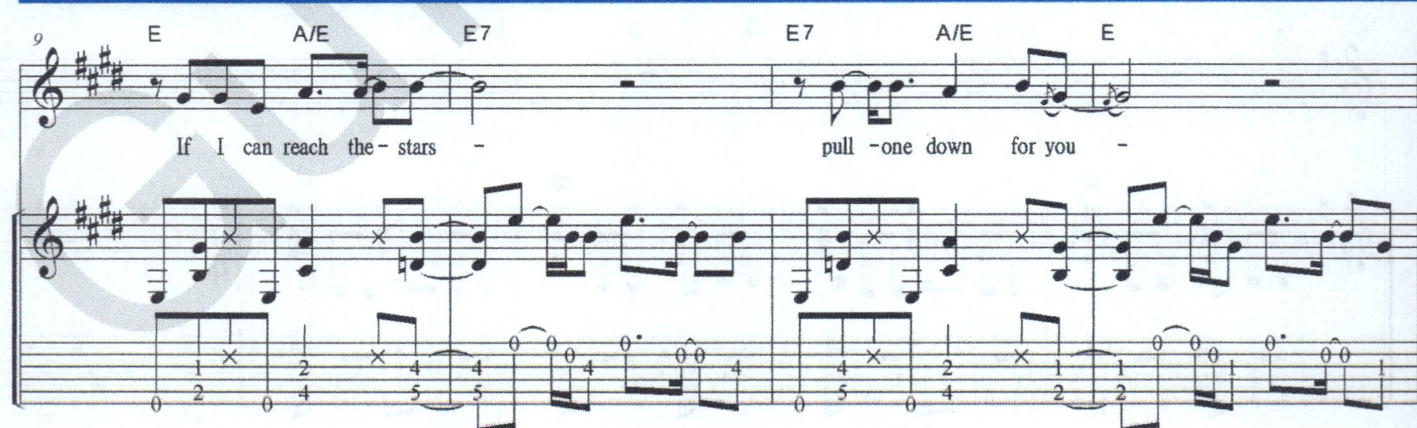

Shine - it on my heart - - so you could see the truth - - -
Then - this love I have - in - side is ev-ery thing it - seems - - -
but - for now I find - - it's on - ly in my - dreams - and I can
강좌파트 - 3 . 후렴부분
change - - - the world - I will be - the sun light - in your

28
C#7   D#m7(b5)   G#7   C#m7   Cm7   Bm7   To Coda
u – ni – verse   You would think my love-was real~ly   some thing good   ba – by –
31
A   E/G#   1 E/G#   E7/G   F#m7
if I could –   change – – – – –   the – world –
34
E   F#m7   G(add9)   F#m7   E
–
H
38
E   A/E   E7   E7   A/E   E
If – I could be king –   e –ven for a day –
H

I'd take you as my - queen -
I'd have it no oth-er way -
And - our love would rule - - in -side king -dom we have made - - -
Till then I'd be a - fool - wish-ing for the day - and I can
change - - - the world - ba - by - if I - cound - change - - -

강좌파트 - 4 . 후주(엔딩)부분(Outro)

Change The World

- 사랑했지만 -

작사 : 한동준
작곡 : 한동준
노래 : 김광석
편곡 : GuitarCamp

김광석 2집 '김광석 2' (1991.2) 수록곡

● 강좌파트 - 1 . 인트로부분(intro)

● 강좌파트 - 2 . 노래부분

사랑했지만
강좌파트 - 3 . 후렴부분
그 - 대음 성 빗속으로 - 사 라 져 버려 -
때론눈물도흐 -르겠지- 그 리 움으-로 -
때론가슴도져 -미겠지- 외 로 움으로 - 사 랑했 - 지만
- 그 대를 사 랑 했 - 지만 - - - 그저
저작권 : www.guitarcamp.co.kr / www.guitarcamp.kr / 무단 복제 및 배포를 허용 하지 않습니다.

Bm　G　A　D
이렇게 멀리서 바-라볼-뿐 다-가설-수없어 - - - 지친
G　F#7　Bm　G　A
그-대 곁에 머물고싶-지만 떠날 수 밖에- 그
G/B　A/C#　To Coda　D　A　Bm
대 를- 사 랑 했-지만 -
G　A7sus4　D　A　Bm

사랑했지만

- 잊어야 한다는 마음으로 -

김광석의 3집 '나의노래' (1992.3) 수록곡

작사 : 김광석
작곡 : 김광석
노래 : 김광석
편곡 : GuitarCamp

● 강좌파트 - 1 . 인트로부분(intro)

● 강좌파트 - 2 . 노래부분

잊어야 한다는 마음으로

G D Em Bm C G D G
아 직 도 남 아있- 는 너 의 향기- 내 텅 빈- 방안 에- 가 득 한데 -

G D Em Bm C G D G
이렇게 홀로 누워 천 정을 보니 눈 앞 에- 글썽 이는 너 의모습

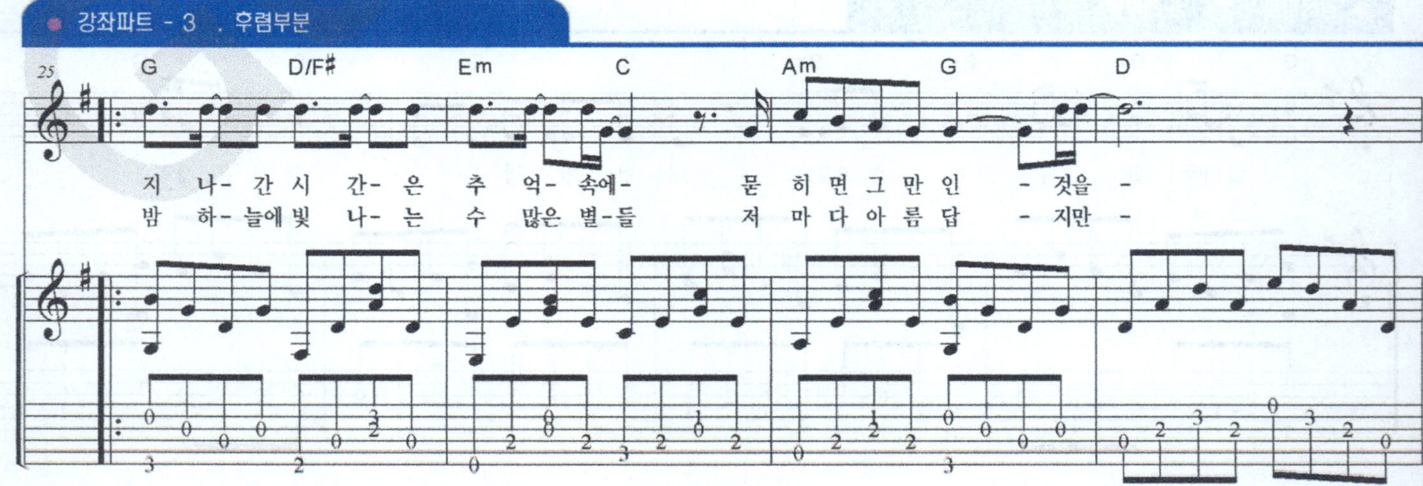
G D Em Bm C G D G
잊으려 돌아누운 내 눈 가에- 말없이- 흐르 는 이 슬방울들

강좌파트 - 3 . 후렴부분

G D/F# Em C Am G D
지 나- 간 시 간- 은 추 억- 속에- 묻 히 면그만 인 - 것을 -
밤 하- 늘에 빛 나- 는 수 많은 별- 들 저 마 다 아 름 답 - 지만 -

G D/F# Em C Am D
나는- 왜 이렇-게 긴 긴-밤을- 또 잊지 못해 새 -울-까
내 맘-속에 빛 나-는 별 --하-나 오 직 너 만 있을 -뿐이 야
G D Em Bm C G D G
창 틈에 기 다 -던 새 벽이 오면- 어 제 보 -다 커진 - 내 방 안에-
G D Em Bm C G D G
하 얗게 밝 아온 유 리 창에- 썼 다 -지 운 다 - 널 사 랑해-
1
G D Em Bm C G D G

G D Em9 Bm7 C G D G
2 G D Em Bm C G D
하얗게 밝 아온 유 리 창에- 썼 다 - 지 운 다 - 널 사 랑
강좌파트 - 4 . 후주(엔딩)부분(Outro)
G 6/B C(add9) Am9 D G
해

- 내사랑 내곁에 -

작사 : 오태호
작곡 : 오태호
노래 : 김현식
편곡 : GuitarCamp

김현식의 6집 '추억 만들기' (1991.02) 수록곡

강좌파트 - 1 . 인트로부분(intro)

강좌파트 - 2 . 노래부분

19
G   Bm   C   G   Em   C   D
시 -간은멀어 집으-로 향 해가-는 데 약 속 했 던 그 대만-은 올 줄 을 모-르고-

23
G   Bm   C   G   Em   A7   C   D   G   G7
에 -써웃음지 으며- 돌 아 오는 길은- 왜 그리- 도 낮 설고- 멀기-만 한 -지 - 저

28
C   D   G   D/F# Em   Am   A   A7   Dsus4   D
여 린 가 지 사 이로- 혼 자 얀날- 느낄-때 이렇 게아픈- 그대 기 억이- 날까 -

강좌파트 - 3 . 후렴부분

33
G   D/F#   Em   D   C   G   Am   A7 Dsus4   D
내 사랑그대-   내 곁 에있 어줘-   이 세 상 하 나뿐-인 오 직 그대- 만이-

힘 겨운날에- 너 마 저떠-- 나-면 비 틀거-릴 내가 안길 곳 은 어디에-
여 린 가 지 사 이로- 혼 자 안날- 느낄-때 이렇 게 아픈- 그대 기 억이- 날까 -
저

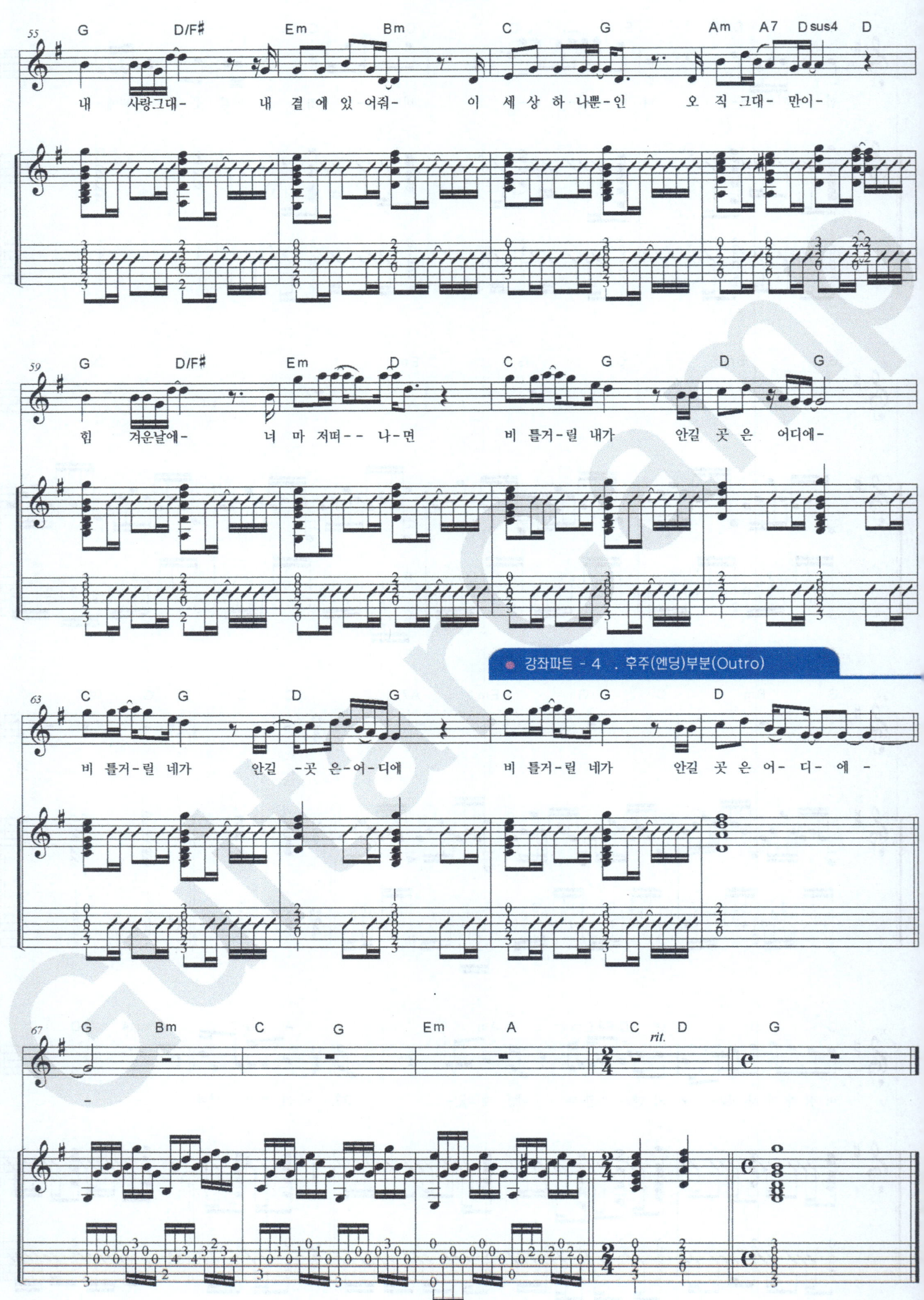
내 사랑그대- 내 곁에 있어줘- 이 세상하나뿐-인 오 직 그대-만이-
힘 겨운날에- 너 마 저떠- -나-면 비 틀거-릴 내가 안길 곳 은 어디에-
비 틀거-릴 네가 안길 -곳 은-어-디에 비 틀거-릴 네가 안길 곳 은 어-디 에-
강좌파트 - 4 . 후주(엔딩)부분(Outro)

- 다행이다 -

작사 : 이 적
작곡 : 이 적
노래 : 이 적
편곡 : GuitarCamp
이적의 3집 '나무로 만든 노래' (2007.04) 수록곡
♩ = 70
강좌파트 - 1 . 노래부분
AG. 1
그대를 만나고 그대의 머릿결 - 을만- 질수- 가있 - 어서
만나고 그대와 나눠먹 - 을밥- 을질- 수있 - 어서
그대를 만나고-- 그대와 마주보 - 머숨- 을쉴- 수있 - 어서
그대를 만나고-- 그대의 저린손 - 을잡- 아줄- 수있 - 어서
그대를 안고 서-- 힘이 들 면눈- 물훌- 릴수- 가있 - 어서 다 행--이다
그대를 안고 서-- 되지 않 는위- 로라- 도할- 수있 - 어서 다 행--이다
그 대 라-는 아 름다- 운세- 상이- 여기 - 있 어 줘서 -
그 대 라-는 아 름다- 운세- 상이- 여기 - 있 어 줘서 -

강좌파트 - 2 . 후렴부분 & 엔딩부분

E   B/D#   C#m7   F#7/A#   A
거친 바람 속-에도   젖은 지 붕밑-에도   홀로 내 팽개- 쳐져- 있지- 않다

E/G#   C#m7   F#7/A#   A
는게   지친 하루 살-이와   고된 살 아남-기가--   행여 무 의미- 한일- 이아- 니라

E/G#   G#7/C   C#m7   G#m7   A   E   D
는게   언 제-나   나 의곁- 을지- 켜주-던   그 대라- 는놀- 라운- 사람 -때문 -   이란

rit.
B7sus4   B   E   E/D#   C#m7 G#m7   A
-걸   그대를   만나고   그대의 머릿결 - 을만- 질수- 가있 -어서

- Lonely -

2NE1의 'Lonely' (2011.05) 수록곡

작사 : 테 디
작곡 : 테 디,김병훈
노래 : 2NE1
편곡 : GuitarCamp

Capo = 4 fret

강좌파트 - 1 . 노래부분

Lonely

그 토 록사-랑했 는 데 넌 여 기있-는 데-오 - I don't know- 이젠날 찾 고 싶 어 - baby I'm so
rry 너와있 어 도 난 lone - ly 사랑하 긴 내 가부 -족 한 가봐- 이 런 못 난 날용-서 해 I'm so
rry 이게나 와 너 의 sto - ry 사랑이 란 내 젠과 - 분한 가봐- 네 곁 에 있 어 도 ba-by I'm so lon
ly lone-ly lone-ly lone-ly lone - ly ba-by I'm so lone - ly lone-ly lone-ly lone-ly lone - ly - ba-by I'm so lon

Lonely
3/통기타
E   G#7   1. C#m7   C   Dsus4
ly lone-ly lone-ly lone-ly lone - ly   ba-by I'm so lone - ly lone-ly lone-ly lone-ly lone - ly - - - -
C   E7   Am7   Ab   Bbsus4
E   G#7   C#m7   B
네가잘못한 게아 - 냐   내가이상한 거야 -   이미오 래전-부터난 준 비 했 나봐 이 별 을
C   E7   Am7   G
H
E   G#7   C#m7   B   /D#
- 정말잘해주고싶 었는 -데   하필사랑앞에서 는왜 - - -   이렇게 한없-이 작 -아 지-고 외-로 운-- 지
C   E7   Am7   G   /B
H
E   G#7   C#m7   B   /D#
- 너 무착-한 넌-데   난그 대로-인 데- 오 - I don't know- I don'know - 내 가왜 이-러 는-지--
C   E7   Am7   G   /B
H

Lonely

- 그 토 록사-랑했 는 데   넌여 기있-는 데- 오 - I don't know - 이젠날 찾 고싶 어 - baby I'm so-
ly lone-ly lone-ly lone-lylone - ly - -   cuz I'm   just a-no-ther girl -   이 밤 이 외 로 워
- 난   더는견딜 수 없 어 - good - bye -   cuz I'm   just a - no - ther girl
-   너 무 나 외 로 워 - - - - 지금- 네 곁 에   있 어 도 ba - by I'm so lone

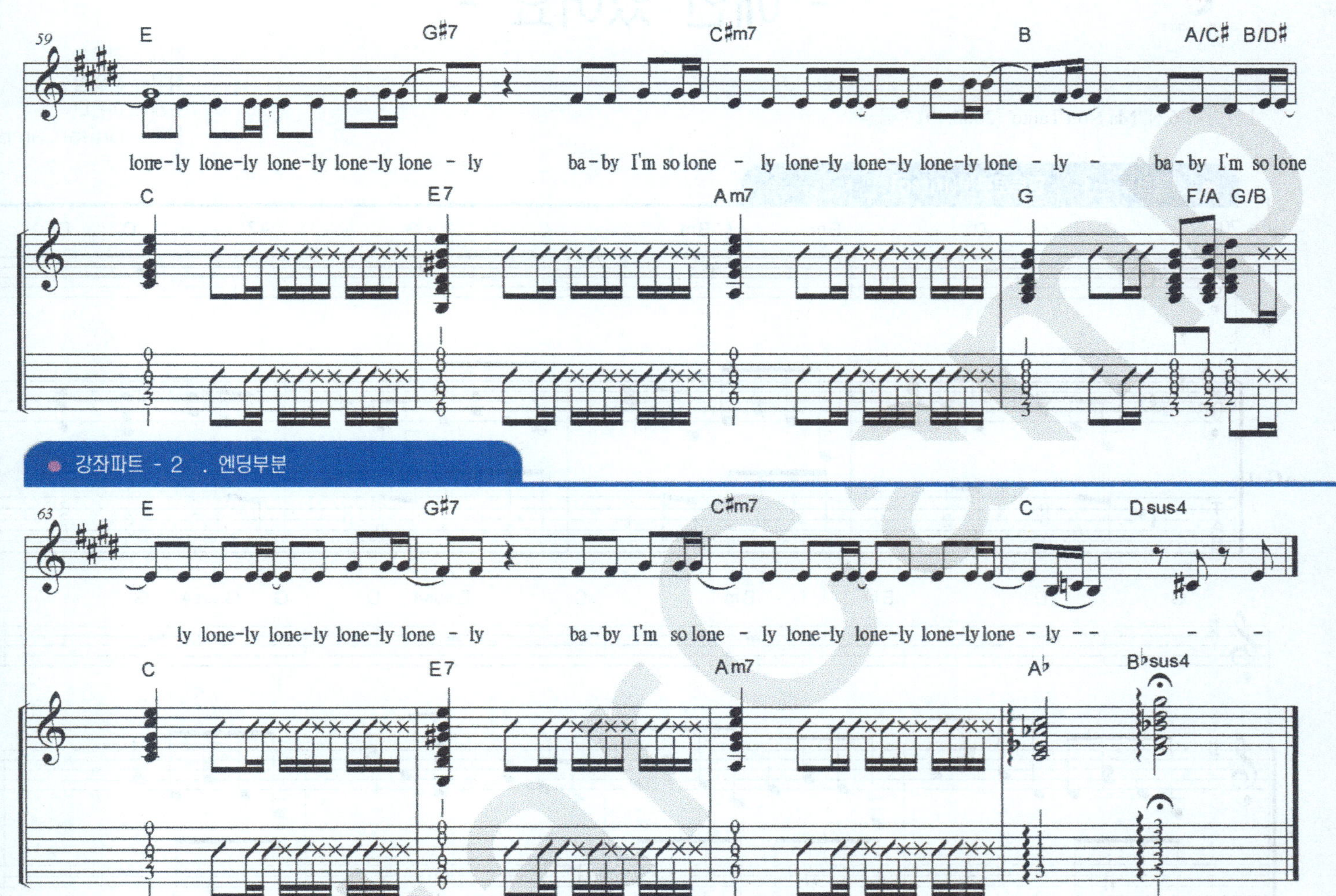
lone-ly lone-ly lone-ly lone-ly lone - ly   ba-by I'm so lone - ly lone-ly lone-ly lone-ly lone - ly -   ba-by I'm so lone
ly lone-ly lone-ly lone-ly lone - ly   ba-by I'm so lone - ly lone-ly lone-ly lone-ly lone - ly - - - -

강좌파트 - 2 . 엔딩부분

- 애인 있어요 -

작사 : 최은하
작곡 : 윤일상
노래 : 이은미
편곡 : GuitarCamp

이은미의 6집 'Ma Non Tanto' (2005.10) 수록곡

애인... 있어요

강좌파트 - 3 . 후렴부분

는 내가- 안 쓰러운 건 가봐- 좋은-사 람 있다며-한번-만 나-보라 말하죠- 그댄
그 사람- 갖 고-싶지 -않아요 욕 심 나지 않아요-그냥-사 랑-하고 싶 어요-

모 르죠- 내 게도 멋진 애 인이-있 다 는걸- 너 무 소-중 해- 꼭-숨겨 두 -었죠- 그 사

<2X only>

람 나 만 볼-수 있 -어요- 내 눈에-만 보 -여요-내 입술에 영원히 담 아-둘 거-야-가끔
죠 나 혼 자-아닌 -걸요- 안 쓰러-워 말 -아요-언젠가는 그 사람 소 개-할 게-요-이렇

-씩 차 오 르 는눈-물- 만- 알 고있죠 - 그 사 람-그 대- 라 는 걸 -
-게 차 오 르 는눈-물- 이- 말 하나 요 -

강좌파트 - 4 . 간주 & 후주(엔딩)부분(Outro)
33
G   D   Em   Bm   C   G   A7   C   D
37
E♭   F   B♭   E♭   Am7   D
나는
41
2 G   D   G   D   G   D   Em   Bm
는걸 － 알겠 는걸 －
D.S. al Coda
45
C   Dsus4 D   G   Gsus4 G

- 내 사랑아 -

작사 : 한성호
작곡 : 김재양
노래 : 이종현(CNBULE)
편곡 : GuitarCamp

SBS드라마 '신사의 품격' OST Part 5 (2012.07) 수록곡

Capo = 3 fret

강좌파트 - 1 . 인트로부분(intro)

강좌파트 - 2 . 노래부분

내 사랑아

Gm
Bb
Em
G
잊은줄 알 - 았 던 - 사 람 -
오 히 려 선
Cm
Eb(add9)
F sus4
F
Am
C(add9)
D sus4
D
- 명 히 -
또 다 시 떠 - - 올 라 -
내 사 랑 -
강좌파트 - 3 . 후렴부분
Bb
Gm
G
Em
아
사 랑 아 - - 그 리 운 나 - 의 사 - 랑 아 -
목 놓 아 불
Cm7
Eb(add9)
F sus4
F
Am7
C(add9)
D sus4
D
- 러 보 - 지 만 -
듣 지 도 못 - 하 는 - 사 랑 -
내 사 랑 -
H

내 사랑아
아 사랑아 - - 보고픈 나 - 의 사랑 아 - 그대이름
- 만 으 - 로 도 - 베인듯아 - 픈 사 - 랑 아 아 -
내 사 - 랑아 - 창가에 어
- 둠 이 - 오 면 - 숨 겨 논 추 - 억 이 -

내 사랑아
Cm   E♭(add9)   Fsus4   F
내맘을 밝 - - 히 네 -   내 사 랑 -
Am   C(add9)   Dsus4   D

2 B♭   Gm
G   Em

Cm7   Fsus4   F   B♭   B♭M7   B♭7
우 리
Am7   Dsus4   D   G   GM7   G7

강좌파트 - 4 . 후주(엔딩)부분(Outro)
E♭   Dm7   E♭   Dm7
함께웃음지었던순 - 간   우리 함께눈물흘렸던순 - 간 이 - 제 그
C   Bm7   C   Bm7

Cm7
Fsus4
F
만
보내지만 -
내사 랑 -
Am7
Dsus4
D
B♭
Gm
아 사 랑아 - - 고마운 나 -의 사 -랑 아 -
내 전부다
G
Em
Cm7
E♭(add9)
F
-지운 -대 도 -
가슴에남 -겨질 -사 랑 -
내사 랑-
Am7
C(add9)
D
B♭
Gm
아 사 랑아 - - 소중한 나 -의 사 -랑 아 -
내 숨이다
G
Em

내 사랑아

- All For You -

작사 : 정진환
작곡 : 김한범
노래 : 서인국, 정은지(에이핑크)
편곡 : GuitarCamp

tvN드라마 '응답하라 1997 Love Story Part 1' OST (2012.08) 수록곡

● 강좌파트 - 1 . 인트로부분(intro)

♩ = 104

AG. 1

● 강좌파트 - 2 . 노래부분(첫번째)

All For You

G   Em   A   D   A
14
-없이   시간은 -자꾸만흘러가고 -   uh -   난미움보다

D   A   Bm   F#m
18
-걱정스런밤 -에 무작정찾아 -간너의골목어귀 -에서   생각지

G   Em   A   D
22
-못한   웃으며 -반기는너를봤어 -   사실은말야

강좌파트 - 2 . 노래부분(두번째

G   A   F#   Bm
26
-난많이고민 -했어   네게 아무것도해줄수없 -는걸   아직많
조금은힘들 -었어   네게 어울리는사람이나 -인지   그게내

이 모자라도 가진것없어도 이런나라도받아줄래 너를위해서
가아니라도 다른누구라도 이젠그런마음버릴래
너만을위해서 난세상모든걸다안겨주지못하지만난
너에게만이제약속할게 오직너를위한내가될게 It's only for you
Just wanna be for you 넌그렇게지금모습그대로내곁에있으면돼

All For You

G F#m Bm Em A D
난 다시 태어 -나-도- 영원 히너만바라-볼- 게
Em7 D/F# G A 2 A
넌 모르지만 -래 -래 너를위해서
D A Bm F#m
-너만을위해 -서 난세상모든 -걸다안겨주지못 -하지-만 난
G F#m Bm Em D/F# G A
너에게만 -이제약 -속할-게- 오직너를위한 -내가될 -게 It's on ly for you

강좌파트 - 4 . 후렴부분 & 엔딩부분
Just wan na be for - you 넌 그렇게 지 - 금 모습 그 대로 내 - 곁에 있 - 으면 돼
- - 난 다시 태어 - 나 도 - 영원히 너만 바라 - 볼 - 게
Love 내 작 은 밤 속 을 - Oh Love 네 향 기 로 채 울래 - 그 속 에
영원 - 히 - 간 혀 버 - 린 대 도 - - 난 행복 할 수 있 도 록
Mute

All For You

너를위해서 - 너를위해서 - 너만을위해 - 서 난세상모든
Capo = 1 fret →
-걸다안겨주지못 - 하지 - 만 난 너에게만 - 이제약 - 속할게 - 오직
너를위한 - 내가될 - 게 It's on ly for you - Just wan na be for - you 넌그렇게지
-금모습그대로내 -곁에있 -으면돼 - - 난다시태어 -나 -도 - 영원

Fm
Bb
Asus4
A
Em
A
히 너 만 바 라 - 볼 - 게 -

- Lucky -
(Feat. Colbie Caillat)

작사 : Jason Mraz
작곡 : Jason Mraz
노래 : Jason Mraz
편곡 : GuitarCamp

Jason Mraz의 ' We Sing. We Dance. We Steal Things' (2008.03)수록곡

♩ = 128

Lucky (Feat. Colbie Caillat)

C   Am7   Em7   G
woo — — — — — — — — — — — —
강좌파트 - 3 . 후렴부분(두번째)
Dm   Am   G   Dm
〈남〉 they don't know how long it takes   wait-ing for a love like this
〈여〉they don't know how   long it take
Dm   Am   G   Dm
e - very time we say good - bye   I wi-sh had - one more kiss I
e - very time we   say good - bye
Dm   Am   G
wait for you I   pro - mise you I will — — ahh — — —

Lucky (Feat. Colbie Caillat)

C
Am
Dm7
G
sail-ing through the - sea to an is and - where we'll meet - you'll hear the
Mute →
E
Am
Dm
G
music - feel the air I put a flow - er in your hair - 〈여〉Though the
← Mute -
강좌파트 - 4 . 후주(엔딩)부분(Outro)
C
Am
Dm7
G
breeze is through trees - move so pre-tty you'll all I see - as the
E 7
Am
Dm7
G
E 7/G#
world keep spin - ning round you hold - me right - here right now

2 G
C
Am7
woo
Em7
G
C
woo
Am7
G
Em7
G
C
woo
woo

- More Than Words -

Extreme의 2집 'Pornograffitti' (1990.07) 수록곡
원곡은 GbKey이나 연주의 편의상 GKey로 조옮김

작사 : Bettencourt Nuno, Cherone Gary Francis
작곡 : Bettencourt Nuno, Cherone Gary Francis
노래 : Extreme
편곡 : GuitarCamp

● 강좌파트 - 1 . 인트로부분(intro)

♩ = 92

● 강좌파트 - 2 . 노래부분

More Than Words

강좌파트 - 3 . 후렴부분 & 엔딩부분
know What would you do? - If my heart - was torn - in - two
More than words - to show - you feel - That your love - for me - is - real
what would you say - If I took - those words - a - way
then you could - n't make - things new - Just by saying - I - Love - You

More Than Words

and touch me   Hold me close - Don't e - ver let - me go
more than words - - Is all I e - ver - need - ed you to - show
then you would - n't have - to say - - - that you love - me - - 'Cause
I'd - al - - rea - dy know   Da di da - da di da

Am7   C   D   G   /B   C(add9)
- di da - da - da -   More - than - words -   Da di da - da di da
Am7   C   D   G
- di da - da - da -   More - than - words -

- 흐린 가을 하늘에 편지를 써 -

작사 : 김창기
작곡 : 김창기
노래 : 김광석
편곡 : GuitarCamp

동물원의 2집 '흐린가을 하늘에 편지를 써'(1988.9) 수록곡

흐린 가을 하늘에 편지를 써

흐린 가을 하늘에 편지를 써
3/통기타
C   D   Am   G
G   D   C   C   G
난 책을접어놓-으며 창문을-열어- 흐린 가을 하늘에- 편지를써-
G   D   C   G
음 잊혀져간 꿈-들을 다시만-나고파 흐린 가을 하늘에- 편지를써-
G   D   C   C   G
음 잊혀져간 꿈-들을 다시만-나고파 흐린 가을 하늘에- 편지를써-

흐린 가을 하늘에 편지를 써

- 그녀가 처음 울던날 -

작사 : 이정선
작곡 : 이정선
노래 : 김광석
편곡 : GuitarCamp

김광석 '김광석다시부르기2'(1995)수록곡

그녀가 처음 울던 날

F G Am Em F G C
그녀만 바라 보면 언 -제나- 따뜻-한 봄 날이었 지-
C G Am C F C Dm G
그녀가 처음 울 던날 - 난 너무 깜짝 놀-랐 네
F G Am Em F G C Dm Em
그녀의 고운 얼-굴 가 -득히- 눈물로 얼룩 이졌 네-
F G Am Em F C Dm G
아무리 괴로 워도 웃던 그녀 가 처음으로 눈 물 흘리던 날

온 세상 한 꺼 번에 무너 지는 듯 내가 슴 답 답 했 는- 데
이젠-더 볼 수가 없네 - 그녀 의 웃 는 모-습 을
그녀가 처음 으-로 울 -던 날 내곁-을 떠나 갔 다 네

그녀가 처음으-로 울 -던 날
내곁을 떠나 갔다 네
네

- 벚꽃 엔딩 -

작사 : 장범준
작곡 : 장범준
노래 : 버스커버스커
편곡 : GuitarCamp

버스커 버스커의 '버스커 버스커 1집' (2012.03) 수록곡

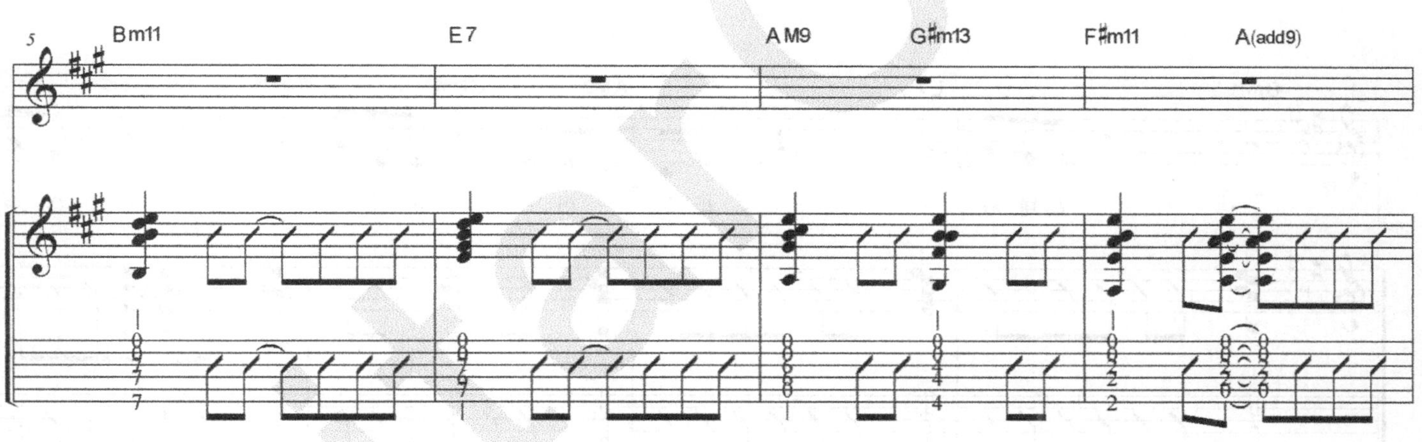

벚꽃 엔딩

오늘은 우리 같이 걸어요 이거리를
밤에 들려오는 자장노래 어떤 가요 오 예 몰랐던
그대와 단둘이 손잡고 알수
없는 이떨림과 둘이 걸어요 봄바람 휘날리며

벚꽃 엔딩
3/통기타
Bm11   E7   A M9   G#m13   F#m11   A(add9)
흘 - 날리는벗꽃잎이 - - 울 - 려퍼질이거리를
<2X only>
Bm11   E7   A M9   G#m13   F#m11   A(add9)
둘 - 이 - 걸어요   봄바람휘날리며
Bm11   E7   A M9   G#m13   F#m11   A(add9)
흘 - 날리는벗꽃잎이 - - 울 - 려퍼질이거리를
저작권 : www.guitarcamp.co.kr / www.guitarcamp.kr / 무단 복제 및 배포를 허용 하지 않습니다.

벚꽃 엔딩

Bm11
E 7
To Coda
AM9
G#m13
F#m11
A(add9)
둘 - 이 - 걸 어 요   오 - 예 -

Bm11
E 7
AM9
G#m13
F#m11
A(add9)

Bm11
E 7
AM9
G#m13
F#m11
A(add9)

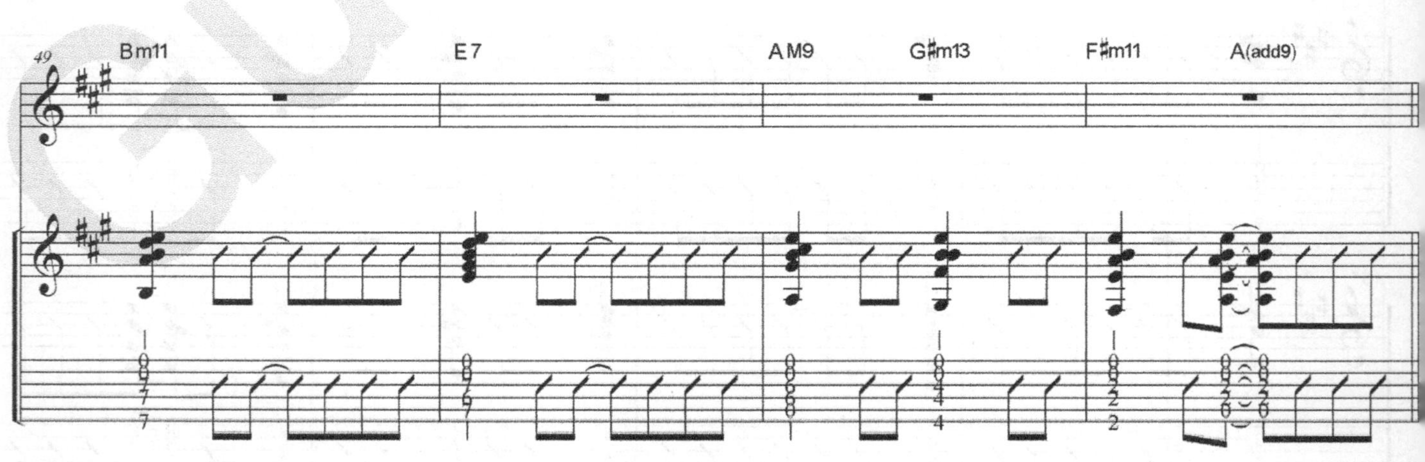

그대여 우리 이제 손잡아요 이거리에
마침들려오는 사랑노래 어떤 가요 오 예 사랑
하는 그대와 단둘이 손잡고 알수
없는 이거리를 둘이걸어요 봄바람휘날리며

걸어요 바람불면 - 울렁이는 - 기분탓에
나도모르-게 - 바람불면 - 저편에서 - - - 그대여
니모습이자꾸겹처 - 오 - 또 울렁이는 - 기분탓에
나도모르-게 - 바람불면 - 저편에서 - - - 그대여

F#sus4
F#
Bm11
니 모 습 - 이 자 꾸 겹 쳐 -
사 랑 하 는 - 연 인 들 이 많 군 요
A(add9)/C#
D(add9)
알 수 없 는 - 친 구 들 이 많 아 - 요
흘 날 리 는 - 벚 꽃 잎 이 많 군 요
E sus4
E
A M9
G#m13
A(add9)/E
좋 아 요
봄 바 람 휘 날 리 며 걸 어 요
오 - 예 -
D.S. al Coda
Bm11
E
A M9
G#m13
A(add9)/E
그 대 여
그 대 여
그 대 여
그 대 여
그 대 여

- 힐링이 필요해 -

작사 : 김상현
작곡 : 윤 건
노래 : 로이킴
편곡 : GuitarCamp

M.net '슈퍼스타K4 Top 12 Part.6'(2012.11) 수록곡

힐링이 필요해

B sus4
A(add9)
E
미옆 지-러진 -
물이 돼-버린 - uh - -
그대 를 뺏긴
C#m9
B sus4
A(add9)
B sus4
-맘
시간 의 길을 드라 이브해 -
기억 의 끝을
C#m9
B sus4
달 려가 나를고 - 치고 - - 싶 어
E
E M7
A M7
-
Oc -

to - ber wind -　흐린하늘-기억-　Oc - to - ber scene -　널 담았던-공간-　힐
링이 필-요해 - oh,　난　니가 필-요해 - - - -　그대를 빼앗
긴　- 맘 -　시간의 길을 드라 이브해 -　기억의끝을
달 려가 - 나를고 - 치고 - 싶 어 - - -
(·) = Mute

힐링이 필요해
C#m9
B sus4
A(add9)
F#m7
E
C#m9
A(add9)
C#m9
G#m13
A(add9)
B sus4
take me back-in time- - - take me back-in time- - - I
miss - you - I miss - you -
- miss - you - take me back-in time- take me back-in and take me back-in and take me back in
take me back-in and
- time - 시간의 길을 드라 이브 해 - 기억의 끝을
달려가-나를고 - 치고싶어 - - - - uh - - 그대를빼앗

힐링이 필요해
5/통기타
C#m9
A(add9)
A   B   C#m D#m E
긴 밤--- 시간의 길을 드라-이브해- 기억의 끝을
C#m9
G#m13
A(add9)
Am6
달-려가 나를고-치고-싶--어-----
E(add9)
C#m9
I miss you- I miss you- 그
Bsus4
rit.
A(add9)
E(add9)
대를 -사랑한- 그 대를 떠나간 나
S

- Hey Hey Hey -

작사 : 김윤아
작곡 : 김윤아
노래 : 자우림
편곡 : GuitarCamp

'꽃을 든 남자' OST (1997) 수록곡

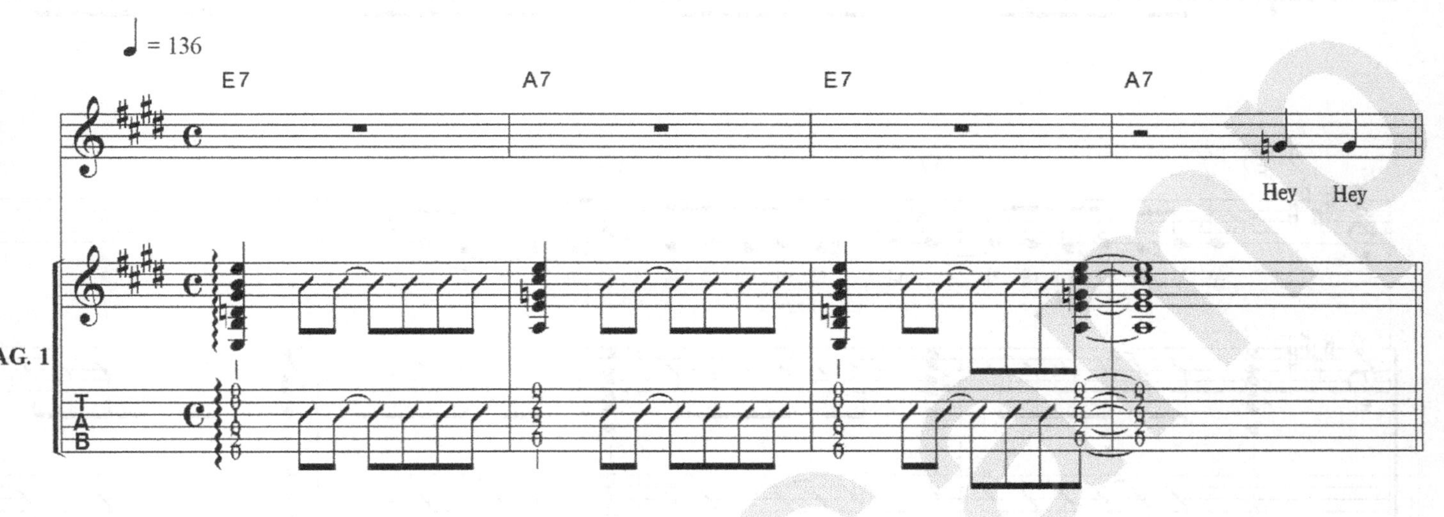

2/통기타
Hey Hey Hey
E7   A7   E7   A7
햇살이한 가득 파 란하늘을채 우고
E7   A7   E7   A7
눈부신그 대가 나 의마음을채 우고
E7   A7   E7   A7
어두운날들이여 안녕 외로운눈물이여 안녕 이제
F#   A7   E7
는 날아오를시간 이라고생각 해

A7
E7
A7
E7
A7
E7
A7
E7
A7
E7
A7
E7
A7
E7
A7
꽃 다 운 내 _ 가 _ 그 대 의 마 음 을 채 우 고 _ _ _
향 기 가 한 _ 가 득 _ 하 얀 도 시 를 채 우 고 _ _ _
어 두 운 날 들 이 여 안 녕 _ 외 로 운 눈 물 이 여 안 녕 _ 이 제

Hey Hey Hey

F#   A7   E7   A7
-는 행복 해질 시간 -이 라 고 생 각 해 - Hey Hey Hey -
E7   A7   E7   A7
Hey Hey Hey -   Hey Hey Hey -
E7   A7   F#   A7
Hey Hey Hey -   영 원 히 -   -내 곁에 - -눈 뜨면
F#   A7   F#   A7   To Coda
- -언 제 나 -   -그 대 의 -   미 소 가 날 웃 게 하 지

E7
A7
E7
A7
영 원 히
D.S. al Coda

Hey Hey Hey

E7
A7
E7
A7
햇살이한 가득 _ 파 란하늘을채 우고 _ _ _
E7
A7
E7
A7
꽃을든그 _ 대가 _ 나 의마음을채 우고 _ _ _
E7
A7
E7
어 두 운 날 들 이 여 안 녕 _
외 로 운 눈 물 이 여
A7
F#
A7
안 녕 _ 이 제 _ 는행복해질시 간 _ 이 라 고 생 각 해

E7
A7
E7
A7
햇 살 이 한 _ 가 득 _ 파 란 하 늘 을 채 우 고 _ _ _
E7
A7
E7
A7
꽃 을 든 그 _ 대 가 _ 나 의 마 음 을 채 우 고 _ _ _
E7
A7
E7
A7
향 기 가 한 _ 가 득 _ 하 얀 도 시 를 채 우 고 _ _ _
E7
A7
E7
A7
꽃 다 운 내 _ 가 _ 그 대 의 마 음 을 채 우 고 _ _ _
F.O.